AF264106

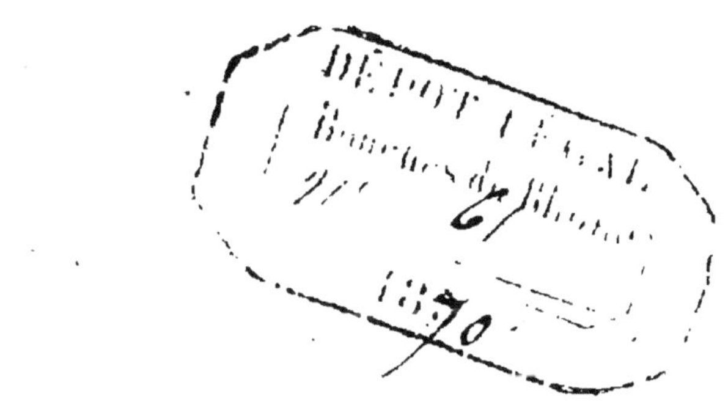

« Parmi les villes les plus obscures, dit
« Augustin Thierry, il n'en est peut-être
« pas une seule qui n'ait eu ses jours d'é-
« nergie. »—Nous ajoutons à ce que M. de
Laplane rapporte dans la préface de son
Histoire de Sisteron, qu'il n'est peut-être
pas aussi une seule ville qui n'ait un jour
son historien d'honneur.

UN BAS-ALPIN

NONAGÉNAIRE

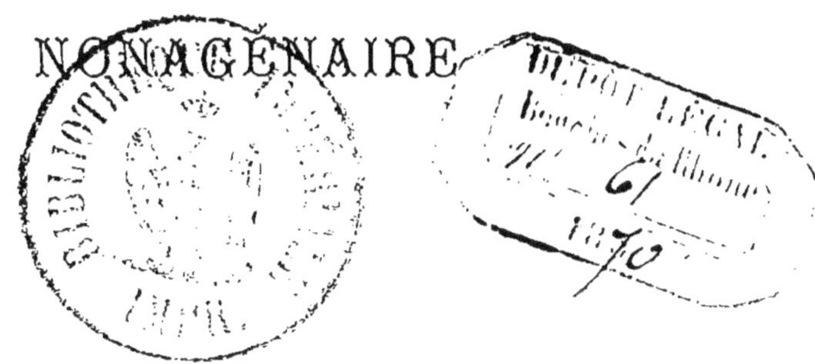

AIX

ACHILLE MAKAIRE, IMPRIMEUR-LIBRAIRE

2, rue Pont-Moreau, 2

1870

UN BAS-ALPIN NONAGÉNAIRE

Dans les derniers jours de l'an qui vient de finir et dans les premiers jours de celui qui commence, deux nonagénaires de la ville de Sisteron quittaient ce monde, dans les conditions les plus opposées, et chacun cependant recevait dans le cercueil la même expression des sentiments qui honorent l'homme.

J'ai pu serrer la main à mon compatriote Sylvestre, coutelier bas-alpin, la veille de sa mort, en sortant de l'installation de M. Emile Reybaud, notre nouveau procureur général.

Si je n'ai pu assister aux obsèques de M. Edouard de Laplane, c'est que je n'ai pas été avisé à temps. Quoique j'eusse manifesté ce désir, il m'a été impossible de le satisfaire, au grand regret de mes amis de Sisteron.

Comme je tenais beaucoup au devoir que je m'étais presque imposé et qu'il ne me reste que la satisfaction intime que je puis encore me procurer, j'en use dans le recueillement du cabinet et plus volontiers qu'on a l'habitude de le faire dans le champ du repos. Les actes de respect valent mieux que les discours d'apparat ; une assistance silencieuse impose et suffit. Ailleurs et plus tard, il peut y avoir plus à dire. Le mort ne permet pas, qu'en sa présence, on parle d'autrui, et souvent le bien qui est à dire de lui exigerait qu'on le compare, pour mieux relever l'honneur et les rares vertus qui doivent être exemplaires.

Toutefois, de quelque côté et en quelque lieu que l'on puisse se procurer un de ces doux épanchements que j'ai toujours fort enviés, je vais me le procurer dans cette circonstance à l'aide de la publicité. Elle va être enfin permise, l'insertion de ces quelques lignes, dans certaines feuilles publiques, même les plus avisées et même encore avec la signature et la garantie d'un ancien chef de justice répressive, ayant été le grand régulateur de la presse elle-même.

Or, il est consolant et peut-être assez flatteur pour ce magistrat, qui a été aussi rémunéré que renumérateur dans le gouvernement constitutionnel, d'avoir quelques-unes de ces mémorables et rares occasions de faire l'éloge de nos opposants fermes et honnêtes au gouvernement libéral lui-même. La louange alors n'est pas sans valeur ni à dédaigner, puisqu'elle n'est ni suspecte devant la tombe, ni suspectée d'aucun vivant.

C'est ainsi, qu'après avoir payé ce tribut, quoique devant son cercueil, au procureur général de la Restauration, le procureur général qui le remplaçait en août 1830, en payait naguère un autre profondément senti envers son premier avocat général, qui n'avait cessé d'être à son tour son meilleur ami et qui avait suivi son chef lui-même dans la retraite et avec autant de dignité que d'abnégation complète.

Aujourd'hui, il n'est pas moins satisfaisant d'honorer la

mémoire respectée de ce Nestor de la ville natale, qui n'avait cessé d'être fidèle à sa conscience et à ses principes comme aux actes et aux œuvres de sa vie entière.

Si toute la population de la ville de Sisteron faisait aux obsèques de M. de Laplane une imposante manifestation, ici à Aix, rue Monclar, aux environs du Palais de Justice, l'ancien coutelier du faubourg du *Bouen Reynaou* s'éteignait sans douleur, avec calme et avec tous les soins et toutes les consolations qu'il pouvait souhaiter.

Sur la tombe de M. de Laplane, alors que les ouvriers venaient d'y déposer l'hommage de leur vénération et de leur respect, une voix recommandable et digne, une voix amie et justement autorisée, a parlé des services que le défunt avait rendus à la science et aux Alpes. Poussé par une infatigable curiosité, M. de Laplane avait fait pour son pays ce que font peu de compatriotes. Il a compulsé toutes les archives de la vieille cité et l'on sait avec quelle intelligence il les a résumées. Bien plus, il a sincèrement aimé ce sol natal, dont le culte s'affaiblit aussi, comme les vieux cultes qui se trouvent délaissés dans les changements nouveaux.

Mais, il est un culte qui survivra aux plus mauvais exemples qui, certes, ne doivent point être oubliés, et qu'il est, par malheur, impossible à un ancien de la justice de taire, pour en proscrire à jamais le retour.

Pourquoi faut-il donc, à côté de cette studieuse et modeste retraite, à l'occasion de notre éminent vieillard, se remémorer également des plus fatales et des plus turbulentes ambitions du même temps et du même lieu? S'il faut des ombres à chaque tableau, et si ces ombres ne doivent point être effacées pour mettre en meilleure lumière ce qui doit être le miéux éclairé ; si, d'un autre côté, la main qui trace ces lignes est cette inexorable main de l'ancienne mercuriale, ayant dû recueillir tant et tant de souvenirs , il est difficile, disons plus, il est toujours impossible, en avançant dans l'âge, de reculer devant la vérité, devant les faits les plus récents et les plus vieilles remembrances.

Or, la vérité, la justice exigent qu'on jette un regard sur ces deux compatriotes qui ont présenté le plus frappant contraste avec celui qui a été le plus vénéré dans cet âpre recoin de nos montagnes.

M. de Laplane n'avait pas seulement conservé sa noble origine ; il l'avait ennoblie et réellement illustrée par les distinctions reçues de l'Institut de France, Académie des inscriptions et belles-lettres, et de plusieurs sociétés savantes.

D'autre part et en sens si contraire à ces beux exemples de dévoûment et de fidélité, de désintéressement et de modestie, pourquoi rencontrer, dans les premiers rangs de l'armée et sur le premier siége de la magistrature locale, de si affligeants tableaux et cette dissidence si remarquée dans le dévergondage des deux plus fatales ambitions de cette époque ?

Citoyen turbulent, mais intrépide guerrier, issu d'une famille patricienne et même investi du premier titre de l'armée, ce Bas-Alpin veut abaisser son nom : il se fait démocrate ; il va braver les honneurs éphémères de la tribune et prendre place dans les hauts rangs de la démagogie ; il sera même appelé à la questure et visera peut-être à quelque ministère républicain ; comme Claudius, qui avait insulté Cicéron, il méprisera hautement son ministre, maréchal de France.

Dans les temps anciens, les esclaves de Milon assassinèrent Claudius ; qu'au moins de notre temps, l'heureux changement des mœurs barbares permette le châtiment des souvenirs et de la publicité.

Si, à la mort d'un tel compatriote, j'eusse encore été à la tête du ministère public, j'aurais certainement poursuivi en discipline les deux magistrats de ce siége qui auraient paru dans la rare assistance d'un pareil convoi : s'il fallait, là, l'isolement complet, la présence irrévérencielle des magistrats méritait bien la peine d'une sévère remontrance.

Afin que ces cérémonies funèbres conservent quelque prestige, il faut tâcher de leur donner un caractère honorable.

Après cette autre mort d'un chef de tribunal de première instance, il y a eu tout au moins un châtiment qui, quoique mérité, a peut-être outrepassé les règles de la justice. Nonseulement son fils ne pouvait plus espérer de l'avancement dans sa carrière judiciaire, mais il lui a fallu comprendre lui-même qu'il ne pouvait plus rester dans un corps qui ne rappelait que d'affligeants souvenirs.

Reportons donc de meilleures pensées sur l'historien de nos annales, sur l'éminent montagnard de la haute Provence, sur son excellente famille qui saura conserver cet héritage de vertu et de fidélité à des principes qui ne cesseront d'honorer ceux qui les conservent avec indépendance jusqu'à la dernière heure des plus longues vies.

Que, s'il fallait enfin tirer quelque enseignement de la longévité et de la brièveté des existences, on pourrait établir que la vieillesse ne donne pas de trop mauvais exemples à l'humanité ; tandis que bon nombre de ceux qui vivent moins longtemps, ne vivent souvent que beaucoup trop pour eux et pour les autres.

Si quelques aperçus philosophiques nous portaient encore à examiner les causes et les effets de la prolongation ou de la diminution de la vie, nous trouverions, dans la *Macrobiotique* d'un docteur étranger, une autre explication de ces contrastes dans les rapprochements où nous ont conduits des comparaisons inévitables.

« Lorsqu'on aime la vie, dit Hufeland, [1] et qu'on ne craint pas la mort, » nous ajoutons : lorsqu'on aime l'honneur et qu'on est exempt de remords, « on vit heureux et longtemps. On ne voit pas l'ambitieux parvenir à un âge avancé. »

Tant pis pour ceux qui devraient rester loin de la scène publique, et qui n'y savent jouer que les plus mauvais rôles. Quand on veut servir sa patrie, il faut la servir avec désintéressement et justice. Lorsque l'homme est dévié de son état naturel, dit à peu près Pascal, il abrége sa vie et perd sa réputation.

Enfin, si deux autres Nestors de ces montagnes duraient encore, restaient fermes et debout, le pays les jugera aussi. Ils suivent paisiblement et assez heureusement leurs inclinations et leurs principes. Tous deux octogénaires, ne sont ni trop pressés, ni trop méfiants sur l'arrêt que prononceront leurs concitoyens. L'un, à Moscou et à Waterloo, a bravement servi son pays sous les armes; l'autre, qui a vécu quarante ans sous la toge, a servi la justice et non la politique avec ses passions. L'un, comme doyen d'âge, vient de présider, à la satisfaction générale, le Corps législatif; l'autre, comme doyen de la magistrature de son ressort, ne reste ni inactif, ni indifférent à son culte.

Tous deux voudraient continuer leur modeste destinée en pratiquant les vertus de celui qui vient de les précéder au tombeau, dans la ville natale et dans la voie de l'honneur.

BORÉLY.

Aix, janvier 1870.

---

[1] Premier médecin du roi de Prusse.

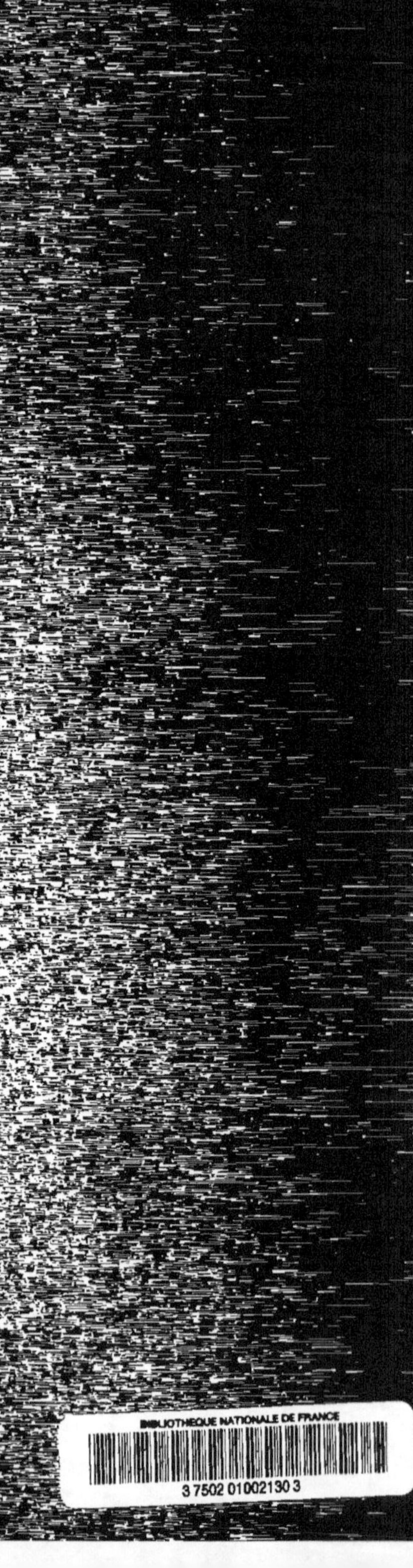

www.ingramcontent.com/pod-product-compliance
Lightning Source LLC
Chambersburg PA
CBHW050734070726
47597CB00009B/3919